이성순 손바닥 시집

문학공원 시선 241

흰

이성순 손바닥 시집

검정보다 화려한 쪽빛보다 더 맑고 밝다
하얗게 텅 비운 가슴
새털같이 가벼운 언어가 무겁게 들어있다

문학공원

자서

주위에서 남들이 시장詩場을 가기에
나도 덩달아 따라가서 어렵게
시詩의 씨앗을 구입해 시밭詩田에 뿌렸다
그렇지만,
9년이나 지나도 싹이 잘 나오지 않는다
어쩌다 하나씩 나긴 하는데 아직은
헛꽃만 피운다.
싹없는 씨앗도 아니거늘
백 년 후에나 싹이 나오려나?
시나무詩木가 쑥쑥 자라
예쁜 꽃을 피워 보람 있는 열매를 따보라고
도와주신 남편과 가족들
정성수 회장님과 강우식 교수님
나를 알고 있는 모든 분에게 고맙습니다

2024년 봄

양평 단월리에서
이 성 순

서문

드물게 좋은 자질을 갖춘 시인

강 우 식(성균관대학교 명예교수)

  이성순 시인이 손바닥시 시집 『흰』을 엮었다. 좋은 시인의 시적 상상력이 잘 우러난 시들을 읽게 된 것은 그지없는 즐거움이다. 나는 이성순의 시를 읽고 이 땅의 시인으로서는 드물게 좋은 시적 자질을 지녔다고 믿었다. 이성순 시집 『흰』에 수록된 작품들이 더러 시적 기교면에서 부족한 면이 보인다 할지라도 그런 것들을 다 메우고 남는 의표를 찌르는 참신성과 기발함도 지녔기 때문이다. 오래 땅 속에 파묻혔던 보석 같다.

  시집은 크게 정형시, 손바닥시, 산문시로 나눠져 있다. 시집의 시작은 정형시인 한줄시로부터 열린다. 한줄시란 고도의 압축과 비약으로 이루어지는 과정을 거치는 시다. 시집의 첫머리부터 한줄시를 선보이는 시인은 나는 처음 본다. 한줄시를 과감히 쓰는 시인의 시라면 그 시적 역량을 믿어도 좋으리라. 이성순 시인의 작품을 보자. '바늘의 언어를 속삭이는 초록 선비들' "소나무"를 읊은 한줄시다. 학과 소나무는 송학축

수松鶴祝壽다. 오래 산다. 천년을 낙락장송하며 변함이 없이 푸르다. 그 초록의 일상은 그냥 되는 것이 아니다. 늘 스스로 자성하는 바늘 같은 선비정신이어야만 가능하다. 다음 한줄시 "의자"는 쉼표 부호 ','로만 되어 있다. 시각적인 효과를 노린 작품이다. 부호로서 쉼표가 가진 본래의 의미와 형상(구체적으로는 위의 둥근 머리 부분이 앉는 자리 같음)의 조화가 기발함을 보이고 있다. 또 "오동나무"라는 한줄시는 '나무속에서 우륵이 가야금을 들고 나온다'라고 읊고 있다. 우리에게 있어 오동나무는 악기나 장롱과 연관이 깊다. 그 본질을 잘 끄집어내어 만든 시다. 1행이 가진 단순미의 극치. 오동나무 잎이 너울너울 춤추는 모습이 우륵의 가야금 율조와 같은 상상력의 공감을 준다. 이성순의 시집 『흰』에는 이런 시들로 시종여일 하게 채워져 있다.

 다음 갈래인 이 시집의 중심 기둥이기도 한 손바닥시를 보기로 하자. 손바닥시란 문학용어가 생소하신 분들도 있으리라. 장편소설掌篇小說을 용어를 쓴다면 상대적으로 장편시掌篇詩도 허용되어야 한다. 심지어 짧은 소설을 모 계간지에서는 스마트소설이라 붙이는 요즘 세태다. 장편시를 직역하면 손바닥 시다. 귀엽고 참신성이 돋보인다. 손바닥 시 "겨울나무"를 보자. '차가운 하늘 / 겨울을 바라보니 // 파란 접시 위 / 가으내 먹은 생선가시가 / 수북히 쌓였다 // 기다려지는

/ 초록 봄 향기' 1연의 평범한 서경적敍景的인 하늘이 2연에서는 하늘이 파란 접시로 보이고 낙엽 진 얼크러진 나뭇가지들이 시적 화자의 눈에 생선 가시가 된다. 그리고 다시 시적 화자의 마음은 봄으로 돌아와 봄의 초록 향기를 기다리는 순환의 사이클을 그린다. 가을과 겨울만의 자연현상만이 아니라 화자의 봄을 기다리는 간절한 마음까지도 삽입된 묘사는 놀랍다. 뿐만 아니라. "손이 시린 갖은 넋두리를 품고 / 묵혀 살아온 세월 // 똬리를 틀고 항아리 속에 앉아 / 날 찾을 날 기다린다 // 겸손하게 절인 마음 / 몸 낮추고 푹 익은 인생 // 세상 빛 들어올 때 / 맛있는 꽃으로 피어난다"의 4연으로 구성된 "묵은 김치"라는 시다. 묵은 김치 한 포기 속에 우리들 인생이 이렇게 잘 푹 익어 있을 수 없다. 우리 여인네의 한과 넋두리가 맛으로 저절로 우러 나오고 배인 시다. 어찌 이런 시집을 읽고 싶지 않겠는가. 읽으면 사물을 보는 눈이 크게 뜨이리라. 현실에 안주하지 않고 시적 상상력을 통해 사물의 본질을 꿰뚫으려는 시인의 시세계가 크게 성취되기를 바란다.

 차례

자서 … 5

서문
드물게 좋은 자질을 갖춘 시인 / 강우식 … 7

제1부
* 산문시 * **어머니의 물감**

담쟁이덩굴 … 18
들고 다니는 치매 … 19
명품가방 … 20
모다깃비 … 21
민터가든Minter Garden … 22
수직정원 … 23
신문고 … 24
안경 … 25
어머니의 물감 … 26
지구를 줍다 … 27
테라리움terrarium … 28

제2부

* 소네트 * 능소화 지던 날

거푸집 … 30
남대문시장 … 31
능소화 지던 날 … 32
빨간 신호등 … 33
드므 … 34
슴베 같은 … 35
신기료장수 … 36
아파트 … 37
어름사니 … 38
전주비빔밥 … 39
조각보 … 40
죽음 계산법 … 41
찰밥 한 숟갈 … 42
칼의 마음 … 43
하루에 … 44

 차례

제3부

* 손바닥시 * 간발의 차이

가로등 … 46
간발의 차이 … 47
곶감 … 48
겨울나무 … 49
그라타주 … 50
나비타투 … 51
녹슨 뚜껑 … 52
달력 … 53
딸기 … 54
대못 … 55
떨잠 … 56
데칼코마니 … 57
뜨개방 여인 … 58
마블링 기법 … 59
묵은김치 … 60
미용실에서 … 61
바람 인형 … 62
박물관 … 63
빨간 맛 … 64
발치 … 65
부채 … 66
불면증 … 67
3g의 눈물 … 68

삶의 유통기한 … 69
석양 … 70
손주 … 71
악의 꽃 … 72
압력솥 … 73
앎의 나이 … 74
우리말지기 … 75
움직이는 풀 … 76
자리끼 … 77
조카 사랑 … 78
줄탁 … 79
치마 … 80
친구여 … 81
카무트 … 82
커피 한 잔 … 83
콩나물 … 84
타올 … 85
팥빙수 … 86
호미 … 87
흔들리는 해먹 … 88
흰 … 89

 차례

제4부
＊ 시조 ＊ 은비녀

가야금 … 92
버선 … 93
매난국죽 … 94
여름 나들이옷 … 95
연鳶날리기 … 96
은비녀 … 97
천 년의 빛 부안 … 98
피맛골 … 99
한복 … 100
흐놀다 … 101

제5부
* 한줄시 * 무지개

끝차 … 104
나목 … 105
남천나무 … 106
대나무 … 107
대왕참나무 … 108
메타세쿼이아 … 109
무지개 … 110
서랍장 … 111
소나무 … 112
수막새 … 113
시시포스 … 114
신발 … 115
야구공 … 116
오동나무 … 117
의자 … 118
자작나무 … 119
짚베옷 … 120
탄생 … 121
하얀 … 122
홍시 … 123
화살나무 … 124

 차례

제6부
* 민조시 * 추파춥스

거울 … 126
대나무 … 127
매화 … 128
명절 … 129
빨랫줄 … 130
불꽃놀이 … 131
소금 … 132
어머니 기일 … 133
우리 옷 … 134
추파춥스 … 135
풍경 … 136

작품해설

정성수(시인 · 평론가 · 전 한국문인협회 부이사장)
- 다양한 형식적 실험의 축제 … 138

제1부
산문시 어머니의 물감

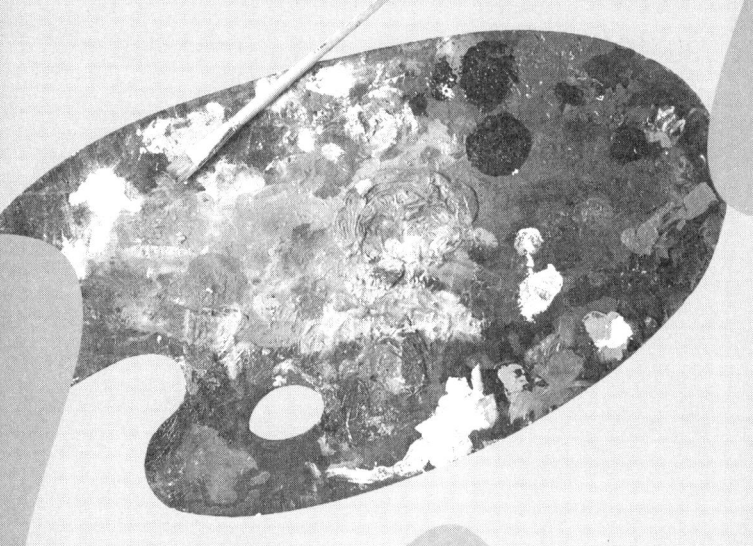

담쟁이덩굴

길을 가다 보면 설한풍에도 죽은 듯이 어머니 거친 손등같이 벽을 타고 오르다가 잠든 덩굴을 본다 튼실한 나무도 아니고 예쁜 꽃도 아니라서 누구라 반기는 사람도 없지만, 말없이 언 땅에서 깨어나면 어디서 나오는지, 그 빨판의 힘으로 벽을 의지하며 악착같이 기어오른다 비바람 불어도 끝까지 땡볕에 햇빛 샤워를 하며 절망 없이 올라간다 어머니가 자식을 믿고 살아가듯, 담쟁이는 벽에 의지하며 추위와 더위에 관계없이 심층놀이 하듯 희망과 용기에 몰입하며 살아간다

들고 다니는 치매

 집안 사촌 올케가 치매에 걸렸다고 해 병문안을 갔다 이 좋은 세상에 그런 병이 걸리다니, 참 슬픈 일이다 삶의 얼룩을 지우지 못해 어린 시절로 돌아가고 싶은지 옛것을 찾아 헤맨다 삶과 죽음보다 더 무서운 현실 속 주위 사람은 무거운 삶인데 본인은 가볍고 행복해하는 나날들

 사실 따지고 보면 현재를 들고 있기가 버겁고 무거웠는지 상실해 버리고 언제나 옛집을 찾아간다 쉴 시간 없이 잠도 없이 치매를 들고 다니는 여인

 어린 애처럼 피곤한 줄도 모르고 순간을 잊고 동심으로 돌아가고 싶은가 보다 이름표 대신 치매를 들고 위치 추적을 해도 소용 없는 상황이다 모래시계처럼 반복해 열심히 옛집을 찾아가는 중이다

명품가방

강
남에
가면 십
분마다 한
명씩 들고 다
니는 사람을 볼
수 있다는 가방이
요사이 인기가 없어
방을 빼기로 했답니다
불경기 탓이겠죠 죽어서
라도 갖고 싶다는 이름 '루이
비똥 가방이 떠난다니 붙잡을 능
력이 없어 아쉽네요 adieu를 고할
수밖에, 그래도 직장생활 할 때 면세
점에서 구한 명품 서너 개 정도는 있어요
얼마 전까지만 해도 사오십 대만 들어가던
방인데 지금은 아주 젊은 세대가 들어간답니다
방세를 미리 내고 주문 후 육 개월 내지 일 년 후
에 상품을 받는다니 그것도 근 20%에 가깝게 물건 가
격을 올린다는 배짱이군요 언제부터 이렇게 여성 경제가
높아졌나요 나도 여인인지라 부럽다가도, 워낙 무겁고 수납
공간도 불편하며 모양도 없기에 사랑愛이 끝났는데, 게다가 또한
가격이 못되게 굴어서 장난이 아닌데, 나잇값을 하는 마음과 정신이
명품이어야 될 것 같아 헛꿈을 깨고 악몽惡夢이라 생각하면서 이젠 그
만 무관심 할래요 이젠 사치와 낭비할 시간도 자나 모든 걸 정리하고 싶다오

모다깃비

 언니가 밤사이에 안녕이다 바람을 맞아 일그러진 얼굴에 말을 제대로 못하고 말을 하면, 소리가 새어버리고 알아들을 수가 없는 현실, 병문안을 갔다가 돌아오는 고속도로에서 모다깃비를 만났다 장대 같은 빗줄기가 내 가슴에 뭇매를 치듯 세차게 후려치는 것 같아 차를 움직일 수가 없다 갓길에 차를 세우고 모다깃비처럼 쏟아지는 눈물, 안타까운 내 언니야! 언니 셋 중 제일 인정이 많아 자기는 제대로 먹지 못하면서 좋은 건 무엇이든 다 막내인 날 잊지 못해 보내주던 우리 언니가 몸을 마음대로 움직이지 못하고 언어장애까지 왔구나 서글픈 계절에 계속 비만 내린다

* 모다깃비 : 뭇매를 치듯이 세차게 내리는 비

민터가든 Minter Garden
- KBS radio를 듣고

봄,
가을에
핀 꽃은 알
아주지만 한겨
울 얼어 있는 정
원 안에 흰빛이 꽃보
다 눈부신 자작나무 명자,
나무줄기 또한 갖가지 색으로
뽐낸다 참을 수 없이 예쁘고 신기
한 화살나무가 새와 만나고 봄을 꿈꾸기에
더 고운 색, 잎을 만들지나 않았을까 더 이상 바
라볼 수가 없을 정도 멋 있는 겨울 줄기의 말채나무는
줄기 색이 다를 정도 헤이즐넛 열매로 보이기까지, 향기로워 높은
상공을 날다가 나목의 향기에 반해 날아오는 새 봄날의 빛을
보고 꽃을 만나는 벌 나비와 전연 다른 모습 배롱나무 줄기와
플라타너스 역시 부드럽게 고운 빛 무늬의 곡선
이 새소리를 불러오는,
침묵의 숲속 고운 정원
이 이리도 절경인데 눈
까지 쌓이면 감당할 수
없는 매력, 매화의 설경
은 귀여움에 불과하다 숲을
잇는 그리운 솔향기가 수목원을 이루는
정원 내내 차가운 겨울을 들고 나목으로 서 있다

수직정원
- 정원사의 책을 읽고

　담쟁이가 아니더라도 식물과 꽃들에게 벽에 기대고 살 수 있는 기회를 주기로 했죠 수직 파문이 일 때 밀림의 바람이 죽어가는 숲속의 초록을 살리기 위해 직립의 화원을 만들기로 했죠 푸르른 장벽을 만들기로 했는데 모두가 반기고 있죠 이 시대가 그렇죠, 젊은 애들이 담쟁이덩굴처럼 기대고만 살려는 시대에 얼씨구, 좋아라 싶게 의지하고 기대야만 살아가는 마마보이 마마 걸처럼 수직정원이 유행한다고는 하지만 좁은 공간을 활용하고 수직정원의 장단점을 보안해서 정원을 꾸며보죠 멋있고 좁은 공간을 활용하여 녹색지대가 어우러져 피어나는 멋진 세상이죠

신문고

친
구한
테 청첩
장이 왔다
작은 아들이
결혼한다고, 참
지 못할 만큼 반가
운 친구 아들의 결혼
을 축하할 겸 전화를 했
다 큰아들 결혼식 때 우체국
으로 축의금만 보냈는데, 이번에
도 공교롭게 참석을 못해 미안하다
고 채 말이 끝나기가 무섭게 그때 축의
금 받은 기억이 없네요 라고 흥분된 목소리
로 전화를 툭 끊는다. 그 후에 몇 번이고 애
타게 연락해도 헛수고로 지금껏 오해가 남긴 친
구와 우정은 끝이 났다 돈 문제뿐만이 아니라 모든
것은 꼭 확인을 해야 하는 건데 축의금보다 친구를 잃
고 나서 억울한 마음에 신문고를 울리고 싶은 세월이 흘렀다

안경

 아침에 눈을 뜨면 엄마처럼 너부터 찾는다 그 다음 잔소리꾼 거울을 만나러 간다 물론 간밤에 얼굴이 얼마나 부었는지 어쨌는지 헝클어진 머릿결까지 알려주니까, 그리고 어제까지 몰아넣었던 세금을 배설할 시간 그래야 나의 하루가 시작이다 먹고 자고 배설하고 나머지 시간은 무한한 나의 자유 시간을 만끽하는 것! 하루가 시작되고 외출을 하고 길을 걷다 보면 가슴 아픈 사람을 가끔 발견한다 시각장애인을 보면 세상에서 제일 슬픈 게 그 사람인데 그 불편한 몸으로 안내견도 없이 생명도 없는 지팡이에 온몸을 맡기고 더듬거리며 집에 잘 들어갔는지, 안타까운 마음에 시각장애인을 만난 날은 깊은 잠을 이루지 못한다 나는 어쩌다 태어난 축복받은 몸으로 비장애인으로서 아무 탈 없이 잘 키워주신 부모님께 진심으로 감사드린다 노화 현상으로 인해 안경이란 돋보기가 가끔 필요할 뿐! 내 삶에 불편함 없이 살아온 나날이 또한 지상에 태어난 꽃 한 송이가 피어나듯 이 행복한 삶을 누리고 살면서 모든 이에게 만족하며 흐뭇할 따름이다 겪어보지 않고선 시각장애인들의 고통을 모른다 시각장애인이 안내견이나 지팡이가 있듯이 나에겐 돋보기안경이 고맙다

어머니의 물감

 널 생각하며 어릴 때 하얀 봉지를 펼치니 쪽빛 물감이 들어 있었다 어머니는 눈곱만치 그걸 물에 풀고 모시 치마를 옥색으로 치대어 바람에 널고 적시고 또 치대어 널기를 몇 번 반복하니, 고운 빛 옥빛으로 물들었다 물론 내 빨강 치마와 치자 열매로 노랑 저고리를 물들인 것도 엄마의 힘든 솜씨였다 지금은 염색 할 일이 없지만 옛날이 그리우면 멀쩡한 머리카락에 물을 들이고 애꿎은 손톱에는 봉숭아 꽃물을 발톱에는 매니큐어를 바른다

 추억도 대리 만족인기라

지구를 줍다

 바람 불어서 좋은 날 쓰레기장에서 버림받은 지구본을 주웠다 어머나 우주를 줍다니, 이렇게 기뻐 본 적 있었던가 사실은 사춘기 때부터 가고 싶었던 세계 여행이 시작될 것 같다 내 세월 속에 일본을 거쳐 동양을 돌고프랑스와 이스라엘 이탈리아를 지나 스페인으로 투우를 보러 가야지

 서둘러 지구본 속으로 들어가 일 년만 살아 보리라 생각했다 분리수거하는 날 비에 젖은 우주를 만나다니 이런 횡재가 어디 있나 해외여행이라곤 가 보지도 못했지만 오 대양 육 대주를 한 손에 집어든다

 언젠가 떠나고 싶던 외국 땅 안으로 눈동자가 비자 없이 입국한다 꿈꾸는 현재형 관광객 세상이 돌아가듯 돌고 돌아오는 뿌듯한 비행기 안에서 온 세계가 다 내 것이다 버려진 지구본이 내게로 와 나는 세계에서 가장 갑부가 되었다

테라리움terrarium

꽃이나 식물을 넣어 키우는 유리병 정원, 밀폐된 유리그릇이어도 좋고 실내 장식을 위한 원예다 좁은 공간에 식물과 흙이 만난 작은 생태계, 이끼가 낀 바위나 산도 만들고 피규어나 각종 액세서리로 마음껏 즐길 수 있다 나만의 동산 언제나 편안히 보는 정원

제2부
소네트 능소화 지던 날

거푸집

예전엔 말이 없던 사람
요즘엔 눈만 뜨면 잔소리다
오늘은 또 무엇으로
물과 기름을 섞어볼까

연구 중인 이 남자
갑자기 보이지 않아 어찌
조용하다 싶더니
"여보 이리 와봐"
내 시선을 살짝 잡아당긴다

베란다에서 부겐빌레아 꽃을
바라보며 수막새처럼 미소 짓는다
오늘 싸움의 거푸집은

어머나!
활짝 핀 꽃 한 송이 부겐빌레아

남대문시장

낡은 그늘 아래 여름
채소를 놓고 싱싱함을 팔려고
흘리는 땀방울

겨울 시멘트 바닥
양말 장사 온기를 팔겠다고
외치는 소리

더러움 씻어내겠다는
비누장수 열심히 외치는
장애인의 아우성

무거운 가족 생계를
짊어지고 빨강 파랑 노랑 희망의
신호등을 건너는 지게꾼

힘이 들 때는 살며시
남대문시장을 찾아가
위로를 한 보따리 사 들고 온다

능소화 지던 날
- 이어령 교수님께

수천 년을 쓰고 남을
당신의 언어는 사리가 되었군요
남긴 백 육십여 권
책 두께만큼 고독한 시간의 슬픈 현실과
싸우고 무던히 갈망하시던 안타까운
글로 지은 집에서
죽음의 씨앗을 들고 계시더니만
마음 비워 굴렁쇠를 바람 쪽으로 돌리셨군요

쉬폰 숄처럼 송홧가루 하느작거리는
계절이 오면
당신이 더 그리워질 거라고
사모님이 말씀하셨네요
살아도 죽은 듯 고요했고 죽어도 살아 계신 듯
잊을 수 없는 당신이에요

빨간 신호등

치과 예약이 늦어
파란 신호를 훔쳐 들고
빨간 신호등에게
파란 변명을 하며 건너간다

잰걸음으로
가다 보니 진땀이 죽죽
병원에 도착하니
예약환자가 밀려 있다

에고, 이럴 줄 알았으면
파란 신호등에 손대지 말 걸
파란 신호등을
제자리에 갖다 놓는다

몰래카메라에 찍힌 내 마음
신호등을 훔친 후회를 들고 집에 온다

드므

조선의 오백 년 역사가
하룻밤 사이
단 한 사람의 어리석음에
재가 되어 버린 날
임진왜란에도 일제강점기
총칼 앞에서도
조상의 손길을 지켜낸 숭례문

동족상잔의 슬픈 순간
전쟁의 아수라장 속에서도
끄떡없었던 우리의 숭례문
발을 동동 구르며 흘린 눈물 받아
숭례문이 웅숭깊은 곳에
달빛 속 맑은 물 시민들 마음까지
가득히 담아 놓는다

슴베 같은

사변 후 어머니 대신
집안일을 돕던 살가운 언니
학독에 김치를 담고
재 넘어 밭에서 목화를 딴다

독한 양잿물 비누로
고운 손이 시린 겨울을 주무르고
보물을 찾던 봄 소풍날
가을을 달리던 운동회

좋아하던 공부마저 그만두고
보모가 되어
가구가 망가지면 망치질하던 집안 가장
밤이면 할머니 자리끼까지

어머니와 나 사이에 슴베 같은
이젠 호밋자루같이 등 굽은 우리 언니

신기료장수

길가 조립식 건물 안
군데군데 구두를 수선한 신발들이
주인을 기다린다
구멍 나고 너절하게 허름한
닳아버린 밑창을 때워
비 오는 날 새는 곳 물길을 막듯
뒤꿈치 덧대고 깁는다

무릎 아픈 어머니 관절 수술도 해야 하고
늦장가 들어 얻은 아들놈 학비
고생 많은 아내 옷 한 벌 사주려고

바삐 걷는 뒤축
네발 내발 가리지 않고
고달픈 인생도 꿰매놓고
신발 주인 기다리는 신기료장수

아파트

내 집에 들어와도 소리 없이
까치발 딛고 조용히 살아야 한다
그래선지 눈비 내려도
창밖에 바람 불어도 들리지 않는다

계절을 모르고 살던 어느 날
승강기에서 만난 이웃이 반갑다
정이 들어 다정하게 살다 보니
언저리 병점역과 다양한 버스 노선

놀이터의 애들 소리와 어린이집 사이사이
녹색공간이 넓어 천만다행
작은 숲 대나무가 바람에 사각사각
아파트 주민을 기다리는 빈 의자들

듬직한 소나무 아래 묵직한 바윗돌
계절마다 꽃들이 시들지 않는
센트럴 허브시티 아파트

어름사니

쥘부채가 중심을 잡고
공중 가느다란 외줄에 발을 긋는다
두 발을 폈다 오므렸다
앞으로 걸어가다 뒤로 훑다가
갑자기 주저앉는다

떨어지는 줄 알고 놀란 가슴 진땀이 난다
한쪽 발만 딛고
반대 발은 줄 밑으로 휘젓는다
이렇게 애가 타는데 남의 속도 모르고 웃어가며
줄 위에 걸터앉아 화장사위까지

살 사이로 부채를
넣다 뺏다 온몸을 허공에 맡긴 사나이
아슬아슬한 삶을 움켜쥔 줄꾼이
하루 끝을 내려온다

전주비빔밥

들판에 허수아비 옷 벗은 하얀 무대 위
지리산에서 고사리가 내려온다
안방에 노란 음자리표 콩나물
시린 발로 걸어온 해남의 초록 시금치
뱃멀미하고 온 제주도 흰 무
담을 넘던 연둣빛 애호박
바다에서 표류하던 검은 김 한 장
양계장서 굴러온 노란 달걀
푸른 목장의 붉은 살코기 한 접시에
금슬 좋은 참기름 한 방울, 정열의 빨간 고추장

모든 이념을 버린 가시버시
손을 맞잡고
단합하며 화목하게 춤을 춘다

조각보

자투리 천 서로 다른 성격
모양과 빛깔에
귀를 맞대고 한 땀씩 바느질한다
세월을 꿰매던 어머니의 기다림
해와 달이 하나이듯
고향 떠나온 어머니의 한 맺힌 서러움
흐트러진 생각 한 곳으로 모아
베 보자기 한 장 완성하듯

허리 잘린 이 땅
역사와 갈등 마름질하여
어머니 정신이 배인
오색 조각으로 만든 밥상보
북녘 함흥시 서상동 780번지*를 향해
외갓집 밥상을 정성껏 덮는다

* 외갓집

죽음 계산법

내가 나를 버리고 밟아
죽음에 들어가면 누런 수의 한 벌
곡비도 없는
사흘 잔치를 할 것이다
언제 올지 모를 임종
그림자도 가져갈 수 없는
잔혹한 이별 길
무엇을 위해 수많은 걸 거머쥐고

주위를 돌아보지 못했을까
나만 알고
장례식장에 비 젖은 제복이
걸어오는 영전
다행히 아직은 들리지 않는 발자국 소리
내가 나를 확인하는 죽음 계산법

찰밥 한 순갈

섣달 열여드렛 날
굴참나무가 떨고 있는 계절에
오라버니 귀빠진 날
어둑새벽 일어나 만든
찰밥 한 그릇 들고
차를 몇 번이나 갈아타고 그 먼길
경주 병원 오라버니를 찾아간다
얼마나 기뻐할까 기대를 걸고
들어간 요양원에서 간병인이 절대로
받아들일 수 없는 음식이란다
병원에선 위생상 애석하게
규칙이 정해 있다는 말에 목이 멘다
정성껏 들고 간 찰밥 한 사발
좋아하는 찰밥 한 순갈도 못 드리고
밥그릇에 담아 온 얼어버린 눈물

칼의 마음

차디찬 쇳덩이지만
모루 위에서 쇠메 질과 담금질로
마음만은 따뜻한 불의 딸로 태어나
불과 한 편이 되기 위해
썰고 자르고 다져 불 곁에 간다
어쩌다 실수로 요리사에게
불꽃 같은 피 흘리게도 하지만
요즘 외식이 유행이라
요리사가 기다림에 지쳐 살기에
주인의 발그림자만 기다린다

희망을 걸고 기다리다 보면
홀로 난타는 아니더라도
한국요리 한 가지쯤 해보려는 희망을 갖고 산다
지상낙원 도마 위 춤추고 싶은 불의 딸

하루에
- 신문 패러디

새벽 신문이
아침을 툭 던지고 간다

신문을 펼쳐 보니
하루에
한 번 이상 좋은 일 하기
열 번 이상 큰 소리로 웃기
백 페이지 이상 글을 읽기
천 번 이상 감사하기
만 보 이상 걷기
정보를 눈에 담는 동안
하루가 눈 깜짝할 사이
숨차게 지나가고

저녁 신문이
밤을 툭 던지고 간다

제3부
손바닥시 간발의 차이

가로등

눈 오는 밤
홀로
흰 추위에 불을 밝히면
안전하고
따뜻한 고마움을
어머니, 당신이 떠난 후에
알았습니다

간발의 차이

교통이 불편한
시골집에서
겨우 달려가 열차를 탄다
마지막 시간에 간신히 넣게 된
대학교 입학원서

곶감

고운 빛깔
온몸 깎아내릴 때

파르라니
비구니의 젖은 눈

장삼 자락 흩날릴 때
붉게 탑돌이 하는 수도승

첫눈에 반한 만남
사슴 눈을 가졌던 그 아이

어찌 그리
하얗게 야위었나

겨울나무

차가운 하늘
겨울을 바라보니

파란 접시 위
가으내 먹은 생선 가시가
수북이 쌓였다

기다려지는
초록의 봄 향기

그라타주

집착 때문에
원하는 건 다 그리고 본다

욕망을 감추기 직전
도톰하게 칠하고 덧댄다

색을 바르고 후회하고
긁어 버리는 자유 찾아

비비고 문질러
날개 달고 날아오른다

나비타투

나의 수명은 한 달 정도
나비 되어 날아가고 싶은 날개

들로 산으로
멀리 바다 건너까지

큰 꽃 작은 꽃
외롭고 가난한 꽃을 만나

못다 한 얘기
주고받으며 춤추고 싶다

녹슨 뚜껑

깻잎김치를 담아 병에 넣고
마개를 닫는데 녹이 슬은 뚜껑

아무거나 끼워지나 싶어
다른 걸로 닫으니 흐르는 국물

제 짝을 맞췄더니
그제야 겨우 새지 않는다

어릴 때 친구 엄마 부러워하며
못마땅하게 여기던 어머니에게 고개를 숙인다

칠 남매 새지 않게 키우느라
녹이 슬어버린 어머니

달력

일 년 내내 벽에 기댄 채
집안 애경사와 기념일만 되면

빨간 색연필
유연하게 훌라후프를 한다

딸기

붉은 유혹이
입안에 들오는 날

바닷가 날치알
터지는 소리 톡톡 톡

향기와 속살 어우러져
사르르 혀끝에 머무는 소리

대못

나무와 나무 사이
인연을 맺어주는 너

그러나 물에는
절대로 박히지 않던 네가

오고 가는 대화 속에
사람의 마음에 박히면

평생 동안 곪아
가슴앓이하고 산다

세월에 감긴 채 녹슬어
빠지거나 지워질 때까지는

떨잠

오색 보석
푸른 꿈이 서리어

마님이 움직일 때마다
어여머리 위에서 파르르 떨다가

날아가고픈 나비의 꿈을 안고
꽃잠을 펼친다

데칼코마니

굵고 푸짐하게
첫 빛을 두껍게 바른다

접은 뒤 태어나는
다정한 일란성 쌍둥이 그림

뜨개방 여인

긴 세월 풀고 감기를
수천만 번 되풀이한다

크루즈여행 하는 마음으로
닻을 보고 느낀
겉과 안뜨기하는 손그림자
배를 타고 그물에서 착안한 마름모꼴 무늬
밧줄을 보고
새끼줄처럼 꼬아 떠보기
하루해가 지고 뜨는
밤하늘 별 떨기처럼 수많은 손놀림이 끝나자

사랑하는 그대가
따뜻함의 시작이다

마블링 기법

맹물 위에 고운 물감을
한두 방울 떨어뜨려 휘젓는다

슬픔에 젖은
종이 대리석 되어

춤추고 있는
붉고 하얀 물결무늬

묵은김치

손 시린 갖은 넋두리를 품고
묵혀 살아온 세월

똬리 틀고 항아리 속에 앉아
날 찾을 날을 기다린다

겸손하게 절인 마음
몸 낮추고 푹 익은 인생

세상 빛 들어올 때
맛있는 꽃으로 피어난다

미용실에서

간밤에 떨던 수다
하얗게 잘려져 나간다

검은 마음으로
지난 세월을 도르르

퍼머넌트로
맘껏 웨이브를 잡으니

세련되게
한 오 년은 젊어 보인다

바람 인형

예쁜 눈동자를
가진 인형은 아니지만

우리 사장님 사업 잘 되라
PR하는 마음
개업식 날 가게 앞에서
날파람, 모진 바람 깨물고
큰일 하는
바람 인형

박물관

수천 년 전
조상들 숨결이 보인다
손때 묻고
슬기롭게 살았던
비밀의 방에 들어가니
선조님들 삶
안부가 못 견디게 궁금하다

빨간 맛

친정에서 온 택배를 뜯는다

온갖 양념이 스며든
김치 한 포기 꺼내어 손에 들고
하얀 쌀밥 위에
얹어 먹는 배추김치 한 가닥

속 끓인 시집살이
미운 정 고운 정 버무려 보내온

올케 손맛이 맵다 못해 빨갛다

발치
- 치과 김경원 교수님께

밤새 앓는 치통
온몸이 쑥쑥 빠지는 소리

불빛 아래 입안에서
고통스러운 보석 하나 뽑는다

치통같이 내 인생사
교정해 줄 친구가 있으면

부채

올곧은
대나무 살과

부드러운
창호지가 만나

바람의
아들을 낳으니

여름이
시원하구나

불면증

푹신한 침대가
나더러 수면장애란다

불면의 유혹에 베개
역시 과부처럼 외롭단다

날 새면 태양을 만나
포근한 숙면을 배우러 갈 생각

밤마다 잠에게
많은 빚을 지고 산다

3g의 눈물

당신의 눈동자엔
바람이 스치고 지나간
물기

아침 이슬에 젖은
숨은 가시 꽃 장미 한 송이처럼
아름답다

삶의 유통기한
- 흉부외과 이재원 교수님께

소리 없이 매달린 한 병의 위안
거꾸로 문을 밀고 들어온다

생의 불꽃 피우는
선을 타고 내려오는 생명 줄
삶의 유통기한이 길어진다

히포크라테스 주치의 덕분에
인생 기차가 쉼 없이 달리고 있다

석양
- 짝꿍에게

둥지 안의 생명들
먹여 살리느라 어깨 한쪽이
해넘이로
기울고 있구나

손주

신이 준
생명의 선물인데

왜 그리 매서운
꽃샘추위는 찾아오는지

마리 꽃처럼
너무 여리고 샛별처럼 눈부셔

차마 눈뜨고
바라볼 수가 없구나

악의 꽃
- 양귀비

검게 쏟아지는
사랑의 가슴앓이 중독이다

죽였다 살리는
그리움의 신기루 속 마법

한번 물면 악물고
놓지 않는 악어 이빨 같은 꽃

절세미인 양귀비도 꽃이 된
미혹에 물든 세계가 몸살이다

압력솥

뜨겁게 칙칙거린다

고통 속에
뜸이 들고 김빠지는 소리
푸 -

내 삶의 한숨 소리

약의 나이

소싯적 병원에서 링거를 꽂고
하얀 침대에 누워 창밖을 바라보던
친구가 부러웠다

설마 했는데 그 말,
씨가 되어 구 년째 그림자처럼
따라다니는 약봉지

별걸 다
부. 러. 워. 하. 더. 니. 만.

우리말지기

풀잎 위에 아침이슬
아니 이슬 아래 풀잎 같이

안개꽃 인양 연약해도
꺾이지 않는 강인함

한국어를 자랑스러워하고
사랑하는 우리말지기

장원의 계단에 올라가는 중
움직이는 소리 말모이 같은 그대여

세종대왕의 진정한 후손인 듯
그대 이름은 장은초

움직이는 풀

바람만 스쳐도
신경이 예민한 엄살쟁이
움직이는 잠 풀

저녁엔 도미노처럼
쓰러져 굽은 잠을 자고 아침엔
기지개를 켠다

칠, 팔월엔 미모사
시집갈 부케를 준비하는
핑크빛 함수초

* 미모사 : 함수초 라고도 하는, 건들면 움직이는 식물

자리끼

잠을 굽다가
포기하고 갈증을 마신다

물의 뼈에 걸린 사래
견딜 수 없는 목의 통증

어린 시절
밤중에 자리끼를 마시던

할. 머. 니. 생각에
감쪽같이 통증이 사라진다

조카 사랑

인형처럼 예뻐서
눈을 떼지 못하고 잠들지 못한 밤

솔방울 연애
한 번 제대로 못 하고

학교에 갈까 말까
몇 번이고 망설이던

아름답던 여고 시절
추억이 조카와 같이 늙어간다

줄탁

차가운 눈 속에서
딱딱한 껍질 겨울을 깨고 나온
샛노란 봄소식

얼음 속 복수초 꽃

치마

세월 한 폭
뚝 - 잘라
고달픔에 꽃물 들이고
모진 바람 속에
감추고 싶은 생의 한 줌

꽃으로
태어나길 잘했다

친구여

단풍같이 붉은 마음
은행잎같이 노란 꿈 품기
한 그루 나무 같은 친구

힘들 땐 등 기대고
초록 그늘에서 멍 때린다
나뭇가지에 새가 노래하듯

가끔 문자와 사진도 보내주고
목소리 들려주니
사랑의 빚을 지고 산다

어릴 때 뛰놀고
자주 웃던 웃음소리가 부담 없이
만나고 싶은 친구

카무트

아주 옛날에는
서민층만 먹고 살았다네요

이집트 호라산에서
재배하던 단백질 많은 곡물이라는

기능성 영양이 많아 요사이
밀알의 인기가 보리알 질투를 남기는

씹으면 씹을수록 고소한 맛
요런, 삶을 한 번 살아 보실래요

* 카무트 : 밀 종류의 곡물

커피 한 잔

겨우 이제야 배운 커피를 마신다
남 보기에 지적이고 세련되어 보인다

언제부터인가
나는야 우리 것을 잊고 살아가면서

인생이 쓰고 단 것을
가늠하기 위해 마시는 게 아닌

떠나가는 친구들이 아쉽고 그리워
그저 지나간 시간과 추억의 눈물을 마신다

콩나물

온실 속에도
바람은 있는 법

검은 히잡을 쓰고 사는 동안
어둠에 상처를 받지 않아도

의젓한 7cm 성인이 되기 위해
빨리 물밥을 배설한다

온몸이 녹아내리고
마음 썩어 버리기 전에

타올

이른 아침
풀잎 이슬 털어주는

하이얀
목화송이 혼으로

포근하게
얼룩진 삶 닦아주는

너 같은
친구 하나 있으면

팥빙수

설원의 빙산을
접시에 옮겨다 놓는다

수저로 허무는 설산
우윳빛 얼음꽃이 흘러내려

꼬마의 푸른 눈동자
시원하고 달콤하게 녹는다

기고만장한 여름
뜨겁던 뼛속까지 차갑다

호미

비좁은 땅
여기저기 긁고 다닌다

찬 서리엔
헛간에서 겨울잠 자다가

등 굽은 허리로
씨앗보다 먼저 달려가

어머니의 넋두리
파헤치고 봄을 심는다

흔들리는 해먹

지난 시절 내가
너무나 우주를 괴롭힌 탓인가

천둥 번개 무서워하던
옛날 원시로 돌아가 너와 나

바람과 함께 흔들며
자연과 가까이 살아보는 것

흰

검정보다 화려한
쪽빛보다 더 맑고 밝다

하얗게
텅 비운 가슴

새털같이 가벼운
언어가 무겁게 들어있다

제4부
시조 은비녀

가야금

뒷마당 오동나무 속에서 들려오는
열두 줄 인생사가 사계절 구절구절
조용히 들려오는 가야금 산조 소리

버선

옥양목 외씨버선 신어 본 지난 추억
보랏빛 그 옛날을 생각하며 웃어본다
먼 옛날 묘령의 나이 할머니 뵙는 듯

매난국죽

매梅
뜰 앞에 설중매는 추위도 잊었는가
잔가지 웃음 짓는 어여쁜 매 꽃무리
두 눈이 향기에 취해 가던 길을 멈춘다

난蘭
지난봄 사다 심은 난초도 꽃을 피워
고결한 그 모습이 화단에 향기 가득
물주며 돌아다보니 난초 줄기 멋있다

국菊
정돈된 꽃밭 가득 가으내 웃음 가득
찬 서리 올 때까지 고웁게 가을 장식
가을엔 국화 향기가 집안 가득 하구나

죽竹
겨울엔 대나무 숲 곧고 푸른 싱그러움
사계절 우리 화단 피고 진 꽃들 보며
사랑을 공전하는 일 사군자랑 지낸다

여름 나들이옷

어머니 나들이옷 잠자리 날개처럼
가벼운 모시 적삼 시원한 옥색 치마
여름날 한삼 모시옷 구겨질까 안절부절

연鳶날리기

한지에 댓가지로 서러움 풀칠하여
묵은해 구설수를 드높이 동서남북
얼레 실 풀어 하늘 높이 근심걱정 날린다

은비녀

아버지 꽃상여를 따라간 어머니여
쪽머리 어수선해 풀어져 헝클어진
한평생 삶의 넋두리 대성통곡 비녀 속

풀어진 머리 감고 슬픔도 삭여가며
아무 일 없는 듯이 자식들 돌보시고
가슴속 아픈 사연은 비녀 속에 그린다

어머니 불러 봐도 말 없는 사진 한 장
지난날 더듬으면 머리에 칠보 비녀
내 나이 지천명이 되니 그 마음 알겠네

천 년의 빛 부안

팔백 년 잊혀져서 바다에 잠자던 빛
유천리* 도공 흙을 짓이겨 불가마 속
부안 땅 상감청자의 장인정신 고와라

* 전라북도 부안군 보안면 유천리 도요지 지역 이름

피맛골

조선 시대 종로의 좁은 골목 피맛골
평민들 낮은 벼슬 관리자 피하던 길
어릴 때 늙은 어머니 안 보려고 숨던 곳

하굣길 저만치서 그림자 모습 보면
어머니 굽은 허리 창피해 숨어놓고
이제야 무거운 걸음 걸어보는 이 마음

골목길 종로 거리 철없던 어린 시절
흐릿한 필름으로 돌아보는 발걸음이
아련한 뒷골목 풍경 생생하게 떠올라

한복

비단옷 입고 싶어 달밤에 친정 간다
저고리 편안하고 포근한 어머니 품
한 땀씩 누비고 누빈 정성 담긴 저고리

흐놀다

개울가 헤엄치며 놀았던 어린 시절
언덕 위 하모니카 애잔한 첫사랑이
그 시절 못내 그리워 생각나니 흐놀다

제5부
한줄시 무지개

끌차

엄마가 밀어주던 마력의 수레바퀴

나목

추운 날씨에 나체로 강철같이 겨울을 지킨다

남천나무

사계를 보내기 아쉬운 겨울의 마스코트

대나무

비바람 불어도 평생 모르는 척 속 비우고 산다

대왕참나무

느리게 느리게, 아주 느리게 살아간다

메타세쿼이아

하늘 높은 줄을 모르는 바벨탑

무지개

얘기하다 사그라지는 침묵의 고운 빛깔

서랍장

철이 바뀔 때마다 수납공간에 계절을 바꾸어 넣는다

소나무

바늘의 언어로 속삭이는 초록 선비들

수막새

아귀토 도움 받아 역사를 지켜주는 한옥의 미소

시시포스

코린트 왕의 오뚝이 정신

신발

어디든 나를 태우고 다니는 작은 배

야구공

지구 밖으로 나가고 싶은 마음을 내보낼 수 없는 포수

오동나무

나무속에서 우륵이 가야금을 들고나온다

의자

,

자작나무

서 있는 뒷모습이 111자로 바코드 같다

짚베옷

초상집에 가면 자기 설움에 슬픔의 자유를 갖는다

탄생

열 달의 잉태가 백 년을 깨우는 소리

하얀

티끌 하나만 있어도 공개하지만 진실한 충고가 고마운 친구

홍시

기다림이 달콤한 천 년의 꽈리 빛

화살나무

가을 햇살에 저 붉은 얼굴 뜨거워 가까이 가지 못한다

제6부
민조시 추파춥스

거울

죽는 것
자식농사
마음대로는
잘 안 보이지만

거울은
무엇이든
내 마음대로
진실이 보인다

대나무

백 년에
꽃 한 송이
피우기 위해
속 비우고 산다

매화

매화는
부지런해
봄단장하고
눈 속에 피는 꽃

창연한
고전미의
맑은 얼굴이
곱기도 하구나

가정의
상비약이
되기도 하는
변치 않는 설화

명절

당신이
오시는 날
여인들에겐
북녘 바람 분다

빨랫줄

날마다
여인들은
젖은 슬픔을
한 자락 말린다

불꽃놀이

꽃불이
사랑으로
타버려야만
뛰어 내리는 넋

소금

물속에
생명 살게
짠물 만들어
밀썰물 흐르던

바닷물
사리되어
사람들에게
겸손 전하지만

파도가
그리워서
슬픔에 녹아
다시 바다로 간다

어머니 기일

제삿날
찍어내던
검은 눈물이
엊그제 같은데

저승에
건너가서
이승과 저승
안부 전해본다

우리 옷

한복을
입어보면
겨울철에는
따듯하다는 것

여름엔
생각보다
바람이 솔솔
들어와 시원해

마음이
차분하게
다소곳하고
여유로워진다

추파춥스

달콤한
눈깔사탕
치매 걸려도
잊지를 못한다

풍경

산사의
처마 끝에
바람의 노예
소리를 듣고 온다

작품해설

다양한 형식적 실험의 축제

- **정성수**丁成秀
(시인 · 평론가 · 전 한국문인협회 부이사장)

작품해설

다양한 형식적 실험의 축제

정 성 수

  이성순 시인의 시집 『흰』은 일단 시집 제목부터가 남다르다. 일반적으로 시집 제목은 명사로 끝나는 게 대부분인데, 뜻밖에도 제목이 명사 아닌 형용사이다. 아주 드문 경우이다. 거기다가 시집 제목의 길이도 일반적인 경우와 달리 여러 음절이 아닌 한 음절, 즉 단 한 글자이다.
  간단명료해서 대단히 인상적이다. 희다는 의미는 하얗다, 즉 순수, 깨끗함, 해맑음, 명료함, 거짓없음, 투명함 등을 상징한다. 우리 단군자손 배달겨레 한국인은 역사적으로 흰옷을 즐겨 입은 백의민족 아니던가.

  즉 시집 『흰』은 그 무엇보다도 우리 백의민족이 지닌 순수한 영혼을 한 마디로 상징해주기도 하는 것. 제목만 짧은 게 아니라 이 시집 속에는 한 줄짜리 짧은 한줄시도 적지 않아 시집 제목을 명시적으로 뒷받

침해주기도 한다.

  이러한 이성순 시인의 시 작업은 한마디로 말해 쓸데없이 난해하거나 요설스럽지 않고 전체적으로 짧고 명료하고 따뜻하다. 시적 내용도 지극히 인간적이다.

  그러니까 이 시집에는 짧은 시의 묘미를 보여주는 한줄시뿐만이 아니라 시조의 단시조(평시조), 민조시, 산문시까지 다양한 형식의 시들이 함께 선을 보이고 있다. 이것은 이성순 시인의 시적 실험정신이 한 권의 시집 속에서 자연스럽게 표출되는 의미 있는 작업이라고 말할 수 있다. 어느 시인에게나 시적 실험의식은 한 시인에게 있어서 하나의 특별한 발전과정이므로 대단히 바람직한 작업이 아닐 수 없다.

  다음 시를 살펴보자.

    엄마가 밀어주던 마력의 수레바퀴

                          -「끌차」 전문

  한줄시이다. 여러 형식의 시 가운데 한줄시는 그야말로 시중에서도 가장 짧은 시이다. 한줄시의 묘미는 호흡이 가장 짧은 특별한 시적 압축에 있고 한 줄의 시속에 촌철살인의 기지나 상징이 번득이는 예리한 특징을 지니고 있다.

  이 시는 엄마가 밀어주는 아동용 '끌차'를 '마력의

수레바퀴'라고 명명한다. 그냥 평범한 일반적 수레바퀴가 아니라 '마법의 수레바퀴'이다. 왜 마법인가……? 엄마가 끌어주는 수레바퀴에 타고 있으면 아기는 울다가도 울음을 그치게 되고 기분이 좋아서 혼자 웃기도 하고 때로는 자기도 모르게 평화롭게 잠들기도 한다.

  지구 위를 굴러가는 수레바퀴와 함께 엄마와 아가의 깊은 사랑이 봄날의 꿈결처럼 무르익어간다. 이 세상의 아가를 따뜻한 낙원으로 인도해주는 작은 끌차, 이 어찌 멋진 '마법의 수레바퀴'가 아니겠는가……?

  현실적 상황에 맞는 적절한 비유가 한 편의 시에 새로운 생명과 활력을 불어넣어 준다. 시적 은유의 힘이다.

  다음 시를 살펴보자.

    기다림이 달콤한 천 년의 꽈리 빛

-「홍시」전문

역시 한줄시.
  가을날 푸른 하늘 속으로 뻗어나가는 수많은 나뭇가지 위에 주렁주렁 매달려있는 수줍게 잘 익은 '홍시'는 얼마나 아름다운가! 시적화자는 그 수줍은 '홍시'에게 오랜 기다림의 미학을 부여한다.

사랑하는 사람을 오래오래 기다리느라 붉게 물든 홍시의 심장은 절절한 그리움만큼 달콤하다. 그 깊은 사랑의 표정은 그야말로 '천 년의 꽈리 빛'에 견줄 만하다. 첫사랑 같은 신비스러운 사랑은 가을과 함께 무르익어 마치 천 년을 기다린 사랑처럼 푸른 하늘 아래 '꽈리 빛'으로 붉게 물들었다.

시 속에 내장된 하늘의 푸른빛과 지구의 황토 빛 사이에 떠 있는 '홍시'의 사랑은 가히 천 년을 기다리는 사랑만큼 깊고 뜨겁다. 그 잘 익은 사랑 빛은 깨물면 음악소리를 내는 꽈리의 생명력과 일맥상통하는 색채와 음향의 멋진 예술적 조화이다. 말하자면 공감각적 상상력의 승리.

다음은 시조를 살펴보자.

> 뜰 앞에 설중매는 추위도 잊었는가
> 잔가지 웃음 짓는 어여쁜 매 꽃무리
> 두 눈이 향기에 취해 가던 길을 멈춘다

―「매梅」 전문

단시조(평시조). 겨울 속 허공에 솟아있는 매화를 노래한다. 초장에서는 뜰앞에 서있는 눈 속의 매화, 즉 북풍한설의 추운 겨울 속에서도 한여름처럼 당당한 '설중매'를 칭송한다.

중장에서는 매화의 여러 잔가지 위에 망울져있는

예쁜 꽃무리를 노래하고, 마지막 종장에서는 시적화자가 시조 속에 등장, '두 눈이 (매화)향기에 취해 가던 길을 멈춘다'. 시각적인 두 눈이 후각적인 향기에 취하는 멋진 공감각적 표현.

매화는 예로부터 4군자 중의 하나로서 선비나 충신의 곧은 절개를 상징하는 아름다운 영혼의 꽃이다. 자신의 이익을 위해 배신과 거짓을 밥 먹듯이 하는 현대의 가벼운 세태에 대한 일종의 경고적 교훈시이다.

다음 작품도 단시조이다.

> 한지에 댓가지로 서러움 풀칠하여
> 묵은해 구설수를 드높이 동서남북
> 얼레 실 풀어 하늘 높이 근심걱정 날린다
>
> -「연鳶날리기」 전문

'연'은 일반종이보다 질긴 한지로 만든다. 잘 휘어지는 댓가지를 여러 개 잘라 두꺼운 한지 위에 여러 번 풀칠을 해서 단단히 붙여놓는다. 가오리연, 방패연 등 연의 종류도 다양하다.

시적 화자는 초장에서 연을 만드는 풀칠의 행위 속에 '서러움', 슬픔을 섞어 넣는다. 즉 연을 만드는 사람이 지니고 있는 그만의 특별한 '서러움'을 함께 섞어 바른다.

말하자면 연을 날리는 행위는 그 연을 만든 사람의

아픔과 서러움을 저 높은 허공 속으로 날려버리는 행위, 즉 가슴 속에 맺혀있는 슬픔과 한의 일종의 추방 행위, 해한 행위이다.

중장에서는 묵은해에 있었던 각종 좋지 않은 일들을 사방으로 모두 날려 보낸다.

하나의 '연'이 허공 속에서 펼쳐주는 심리적 해방의 비상飛翔축제이다. 각종 구설수를 바람 속으로 시원하게 풀어놓는다.

종장에서는 시적화자가 '연'의 얼레실을 길게 풀어 '하늘 높이 근심 걱정을 날려 보낸다.' 시적화자는 비로소 심리적 자유인이 된다. '연'의 비상을 통한 고통의 승화이다.

다음 시조를 살펴보자.

> 조선시대 종로의 좁은 골목 피맛골
> 평민들 낮은 벼슬 관리자 피하던 길
> 어릴 때 늙은 어머니 안 보려고 숨던 길
>
> 하굣길 저만치서 그림자 모습 보면
> 어머니 굽은 허리 창피해 숨어놓고
> 이제야 무거운 걸음 걸어보는 이 마음
>
> -「피맛골」 부분

단시조 두 수가 모인 '연시조'이다. 첫수(1연)에서는 서울 종로의 뒷골목인 피맛골길을 노래하면서 시적화자의 '어릴 때 늙은 어머니 안 보려고 숨던 길'이라고 진술한다. '늙은 어머니'를 피하던 어린 시절의 부끄러움, 아픔, 슬픔을 고백한다.

둘째 수(2연)에서는 '하굣길 저만치서 그림자 모습 보면 / 어머니 굽은 허리 창피해 숨'었다고 진술한다. 어머니가 종로에서 무슨 일을 했는지 구체적 상황은 알 수 없다. 하여간 시적화자는 나이가 든 뒤 지난날을 회상하면서 어머니에 대한 죄스러움 때문에 홀로 피맛골길을 무거운 걸음으로 걸어가고 있다.

효자 효녀라 할지라도 크든 작든 어렸을 때 어머니에게 잘못했던 일은 그 누구에게나 흔히 있는 일이 아니던가. 시적화자의 어린 시절에 대한 일종의 아름다운 참회록.

다음 시를 살펴보자.

> 백년에
> 꽃 한 송이
> 피우기 위해
> 속 비우고 산다

- 「대나무」 전문

'민조시'이다.

'대나무'는 예로부터 선비의 곧은 절개나 청렴결백

으로 즐겨 비유되는, 속이 텅 빈 채 꼿꼿이 푸른 하늘 향해 자라 오르는 특별한 나무. 아무런 세속적 탐욕이 없고 자신의 굳은 의지를 굽히지도 않고 당당하고 푸르게 살아가는 청정한 인간의 모습 그 자체이다.

'대나무'의 변치 않는 꿈은 오직 이 지상에서 "백 년에 / 꽃 한 송이 / 피우"는 것. 그 꿈을 이루기 위해 한평생 속 비우고 산다. 꽃, 이 세상 모든 가치 있는 것의 불멸의 상징. 사람은 누구나 자신의 생애에서 자기만의 아름다운 꽃을 피우고 싶어 하지. 그것이 권력 꽃이든 화폐 꽃이든 명예 꽃이든 간에……!

다음 시를 살펴보자.

> 날마다
> 여인들은
> 젖은 슬픔
> 한 가닥 말린다

-「빨랫줄」 전문

역시 '민조시'이다.

허공 속에 가로로 옆으로 걸려있는 빨랫줄 위에 대부분의 빨래는 세로로 아래로 길게 늘어져 있다. 수평과 수직의 만남. 깨끗이 세탁된 빨래는 자신이 지니고 있는 물기를 저 눈부신 햇살 속으로 아무 미련 없이 조금씩 날려 보낸다.

세상의 여인들은 홀로 정성껏 빤 빨래마다 스며있는 일상생활 속의 온갖 '젖은 슬픔'들을 한 가닥씩 햇살 아래 널어 흔적 없이 모두 말려버린다. 날마다 쌓인 '슬픔'의 상징적 카타르시스이다. 빨랫줄과 햇살과 바람의 정화작용, 그 우주의 소리 없는 협업 속에서 여인은 자신의 슬픔과 아픔을 기쁨으로 승화시키고 다시 순수한 본래의 영혼 속으로 홀연히 부활한다. 이 얼마나 멋진 여인의 아름다운 해한의 드라마인가.

다음 시를 살펴보자.

> 꽃불이
> 사랑으로
> 타버려야만
> 뛰어내리는 넋

− 「불꽃놀이」 전문

역시 '민조시'이다.

이 시에서의 불은 '불꽃'이 아니라 '꽃불'이다. 말하자면 '불'이 주체가 아니라 '꽃'이 주체인 셈이다. 그 눈부신 "꽃불이 / 사랑으로 / 타버려야만" 무언가 다른 상황이 전개된다. 즉 꽃 중에서 가장 아름다운 '꽃불'이 사랑으로 다 타버린 후에야 그 사랑의 혼령이 마지막으로 지상으로 투신하듯 낙하하는 것.

무서운 사랑, 뜨거운 사랑, 그야말로 눈부신 최후의

사랑이 아닐 수 없다. 모성애를 비롯해서 모든 사랑은 이 세상에서 가장 강한 에너지를 지닌 놀라운 충격의 역동적 정신이 아니던가. 그 사랑의 장렬한 마지막 헌신, 지닌 것 다 바치고 사라지는 눈물겨운 사랑의 종말, 너무나 극적인 사랑의 시이다.

다음 시를 살펴보자.

> 길가 조립식 건물 안
> 군데군데 구두를 수선한 신발들이
> 주인을 기다린다
> 구멍 나고 너절하게 허름한
> 닳아버린 밑창을 때워
> 비오는 날 새는 곳 물길을 막듯
>
> 뒤꿈치 덧대고 깁는다
> 무릎 아픈 어머니 관절수술도 해야 하고
> 늦장가 들어 얻은 아들놈 학비
> 고생 많은 아내 옷 한 벌 사주려고
>
> 바삐 걷는 뒤축
> 네 발 내 발 가리지 않고
> 고달픈 인생도 꿰매놓고 신발 주인
> 기다리는 신기료장수
>
> —「신기료장수」 전문

'자유시'「신기료장수」는 예전에 짚신이나 가죽신

등 헌신을 기워주고 고쳐주는 신발 수선공이다. 요즘은 주로 구두닦이 겸 구두 수선공.

  1연의 1행에서 7행까지는 '신기료장수'가 구체적으로 하는 일반적 일을 표현하고, 8행부터 10행까지는 "무릎 아픈 어머니 관절수술도 해야 하고 / 늦장가 들어 얻은 아들놈 학비 / 고생 많은 아내 옷 한 벌 사주려고"라고 신기료장수를 해야만 하는 생활 수단적 이유를 진술한다.

  2연에서는 "바삐 걷는 뒤축 / 네 발 내 발 가리지 않고 / 고달픈 인생도 꿰매놓고 신발 주인 / 기다리는 신기료장수"를 노래한다.

  굽이 낮아져서 걷기가 불편해지고 보기도 싫은 신발 뒤축을 수리하는 노동행위를 '고달픈 인생도 꿰매 놓는다.'고 표현한다. 신발은 구두이건 운동화이건 샌들이 건강에 지구인이 길을 걸어갈 때 사용되는 것, 즉 인간이 지구 위를 걸어가는 도보행위는 자기만의 인생길을 홀로 걷는 것이나 다름이 없다.

  그러니까 행인의 신발을 수리하고 주인을 기다리는 '신기료장수'의 시간은 작은 노동 후의 안식과 그 물질적 대가가 기대되는 유쾌하고 즐거운 시간이 아닐 수 없다. 이 시의 가장 큰 매력은 노동 후의 그 멋진 기다림의 미학에 숨겨져 있는 것. 생의 묘미를 바라보는 시인의 깊은 통찰력과 인간에 대한 따뜻한 사랑이 빛나는 대목이다.

다음 시를 살펴보자.

> 새벽 신문이
> 아침을 툭 던지고 간다
>
> 신문을 펼쳐 보니
> 하루에
>
> 한 번 이상 좋은 일하기
> 열 번 이상 큰 소리로 웃기
>
> 백 페이지 이상 글을 읽기
> 천 번 이상 감사하기
> 만 보 이상 걷기
> 정보를 눈에 담는 동안
> 하루가 눈 깜짝할 사이
> 숨차게 지나가고
>
> 저녁 신문이
> 밤을 툭 던지고 간다
>
> ―「하루에, 신문 패러디」 전문

　3연으로 된 '자유시'. 1연은 "새벽 신문이 / 아침을 툭 던지고 간다."라는 두 줄짜리 짧은 표현. 짧지만 이미지가 선명하고 신선하다. '새벽 신문'을 '아침'에 비유한 것이 그렇고, 집안으로 던져지는 신문을 '아침을 던지고 간다.'라고 표현한 것이 그렇다. 시의 첫 시작 이미지가 아주 상쾌하다.

  2연은 "신문을 펼쳐 보니 / 하루에 / 한 번 이상 좋은 일하기 / 열 번 이상 큰 소리로 웃기 / 백 페이지 이상 글을 읽기······." 등 '정보를 눈에 담는 동안/하루가 눈 깜짝할 사이 / 숨차게 지나'간다. 그만큼 세상이 나날이 다양하게 역동적으로 돌아간다는 신문의 소식.

  3연은 '석간신문' 이야기이다. '저녁 신문이/밤을 툭 던지고 간다.'라고 새벽과 반대로 저녁신문이 '밤을 툭 던지고 간다'. 1연과 3연을 대비시켜 수미쌍관법으로 산뜻하고 멋지게 마무리 이미지 처리를 한다. 산뜻하고 상쾌한 시다.

  다음 시를 살펴보자.

    고운 빛깔
    온몸 깎아내릴 때

    파르라니
    비구니의 젖은 눈

    장삼자락 흩날릴 때
    붉게 탑돌이 하는 수도승

    첫눈에 반한 만남
    사슴 눈을 가졌던 그 아이

어찌 그리 야위었나

-「곶감」 전문

「곶감」은 한마디로 말해 은유가 빛나는 시이다. 1연의 나이프로 감 껍질을 벗겨내는 작업, 즉 "고운 빛깔 / 온몸 깎아내릴 때, 감의 속살은 '파르라니 / 비구니의 젖은 눈"처럼 서러울 정도로 은밀히 아름답다.

2연의 "장삼자락 흩날릴 때 / 붉게 탑돌이 하는 수도승"은 시적화자가 나이프로 감을 돌리면서 껍질을 길게 깎을 때의 모습을 '붉게 탑돌이 하는 수도승'으로 묘사했다. 이 구절은 그야말로 이 시에서 절창이 아닐 수 없다.

3연의 "첫눈에 반한 만남 / 사슴 눈을 가졌던 그 아이"는 나이프로 감을 깎기 전의 첫인상을 맑고 아름다운 사슴 눈의 순수한 아이로 표현한 것. 4연은 속살이 이미 다 말라서 야윈 '곶감'이 된 모습을 안타까워하는 일. 깔끔한 수작.

다음 시를 살펴보자.

당신의 눈동자엔
바람이 스치고 지나간
물기가 들어있다

아침 이슬에 젖은

가시꽃 장미 한 송이처럼
　　　아름답다

　　　　　　　　　　　　-「3g의 눈물」 전문

시인이 「손바닥 시」라고 명명한 작품.

1연에선 "당신의 눈동자엔 / 바람이 스치고 지나간 / 물기가 들어있다"라고 진술한다. 당신의 눈동자엔 바람이 스치고 간 물기, 즉 고통이나 슬픔, 마음의 상처 때문에 생긴 눈물방울이 아스라이 맺혀있다.

2연에선 그 눈물방울을 "아침 이슬에 젖은 / 숨은 가시꽃 장미 한 송이처럼 / 아름답다"라고 진술한다. 가시꽃 장미 한 송이처럼 무언가 아픈 상처가 숨어있는 순수한 눈물, 아침 이슬에 젖어 더욱 영롱한 눈물, 눈물도 때로는 그렇게 말할 수 없이 아름답기도 한 것.

다음 시를 살펴보자.

　　　검정보다 화려한
　　　쪽빛보다 더 맑고 밝다

　　　하얗게
　　　텅 비운 가슴

　　　새털같이 가벼운 언어가
　　　무겁게 들어있다

―「흰」 전문

이 시집의 표제시이다. 역시 「손바닥 시」.

1연~2연에서 시적화자는 '가슴'을 "검정보다 화려한 / 쪽빛보다 더 맑고 밝다 // 하얗게 / 텅 비운 가슴"이라고 표현한다. 즉 아무런 욕심도 슬픔도 없이 '검정보다 화려하고 쪽빛보다 맑은' 아주 '하얗게 비운' 순수의 가슴이라고.

아, 그런 절대순수의 맑은 가슴은 거의 위대한 성인, 거룩한 성자의 가슴이 아니겠는가. 3연에서 그 순수의 가슴 속에는 "새털같이 가벼운 언어가 / 무겁게 들어있다". 새털같이 가벼운 언어가 무겁게 숨어있는 순수한 가슴, 그것이 바로 깊고 아름다운 시인의 가슴일 것이다.

다음 시를 살펴보자.

바람 불어서 좋은 날 쓰레기장에서 버림받은 지구본을 주웠다 어머나 우주를 줍다니, 이렇게 기뻐 본 적 있었던가 사실은 사춘기 때부터 가고 싶었던 세계 여행이 시작될 것 같다 내 세월 속에 일본을 거쳐 동양을 돌고프랑스와 이스라엘 이탈리아를 지나 스페인으로 투우를 보러 가야지

서둘러 지구본 속으로 들어가 일 년만 살아 보리라 생각했다 분리수거하는 날 비에 젖은 우주를 만나다니 이런

횡재가어디 있나 여행이라곤 가보지도 못했지만 오 대양
육 대주를 한 손에 집어든다

　　언젠가 떠나고 싶던 외국 땅 안으로 눈동자가 비자 없
이 입국한다 꿈꾸는 현재형 관광객 세상이 돌아가듯 돌고
돌아오는 뿌듯한 비행기 안에서 온 세계가 다 내 것이다
버려진 지구본이 내게로 와 나는 세계에서 가장 갑부가
되었다

-「지구를 줍다」 전문

　'산문시'이다. 시적 화자는 버림받은 쓰레기장에서 "분리수거하는 날, 비에 젖은" 지구본을 우연히 만나게 된다. 그 사실을 '세상을 얻었다'라고 표현한다. 떠돌이별 지구를 얻었으니 당연히 이 '세상'을 다 얻은 셈. 말하자면 지구별이라는 소우주를 얻은 것.

　시적 화자는 "사실은 사춘기 때부터 가고 싶었던 세계 여행이 시작될 것 같다 내 세월 속에 일본을 거쳐 동양을 돌고 프랑스와 이스라엘 이탈리아를 지나 스페인으로 투우를 보러 가야지"라고 세계여행의 멋진 꿈을 펼쳐 나간다.

　"언젠가 떠나고 싶던 외국 땅 안으로 눈동자가 비자 없이 입국한다 꿈꾸는 현재형 관광객 세상이 돌아가듯 돌고 돌아오는 뿌듯한 비행기 안에서 온 세계가 다 내 것이다 버려진 지구본이 내게로 와 나는 세계에서

가장 갑부가 되었다"

　시적 화자는 '온 세계가 다 내 것이다. 우중에 버려진 나라가 내게 와서 세계 갑부가 된 지구본'이라고 상징적 지구인 지구본을 실제의 지구로 환치, 온 세계를 수중에 넣은 당당한 지구 정복자의 기쁨을 누린다. 아름다운 시적 상상력의 승리이다.

　이처럼 이성순 시인의 시는 다양한 스펙트럼을 지니고 있다. 특히 한줄시, 시조, 민조시, 자유시, 손바닥 시, 산문시 등 여러 가지 형식의 시를 실험한 것은 한 사람의 시인으로서 대단히 소중하고 뜻깊은 작업이 아닐 수 없다.

이성순 손바닥 시집

초판발행일 2024년 3월 20일

지은이 : 이성순
펴낸곳 : 도서출판 문학공원
발행인 : 김순진
편집장 : 전하라
디자인 : 김초롱
등 록 : 2004년 3월 9일 제6-706호
주 소 : (우편번호 03382)서울 은평구 통일로 633
        녹번오피스텔 501동 302호 스토리문학사
전 화 : 02-2234-1666
팩 스 : 02-2236-1666
홈페이지 : https://blog.naver.com/ksj5562
이메일 : 4615562@hanmail.net

※ 잘못된 책은 교환해 드립니다.
※ 책값은 뒤표지에 있습니다.